AF369953

VENTE LE MARDI 26 MAI 1868

OBJETS

DE LA CHINE & DU JAPON

Appartenant à **M. X**

MEUBLES EN LAQUE & AUTRES

Bronzes du Japon, Porcelaines, Jades, Ivoires,

TRÈS-BEAU CHRIST EN IVOIRE

Meuble Italien et autres Objets.

Mᵉ **CHARLES PILLET**
COMMISSAIRE-PRISEUR

M. FEBVRE
EXPERT

RENOU & MAULDE

IMPRIMEURS DE LA COMPAGNIE DES COMMISSAIRES-PRISEURS

Rue de Rivoli, 144.

CATALOGUE

D'OBJETS DE LA CHINE

ET

DU JAPON

Appartenant à **M. X.**

MEUBLES EN LAQUE & AUTRES

PORCELAINES, BRONZES, JADE, IVOIRE,

BEAU CHRIST EN IVOIRE & OBJETS DIVERS

GROUPES EN MARBRE

Dont la Vente aux Enchères Publiques au a lieu

HOTEL DES VENTES

RUE DROUOT, N° 5

SALLE N° 9

Le Mardi 26 Mai 1868

À DEUX HEURES TRÈS-PRÉCISES, LA VACATION ÉTANT CHARGÉE

Par le ministère de Mr **CHARLES PILLET**, Commissaire-Priseur,
rue de la Grange-Batelière, 10,

Assisté de M. **FEBVRE**, Expert, rue Saint-Georges, 14,

CHEZ LESQUELS SE DISTRIBUE LE CATALOGUE.

EXPOSITION PUBLIQUE

Le LUNDI 25 Mai 1868, de une heure à cinq heures.

PARIS — 1868

CONDITIONS DE LA VENTE

Elle sera faite expressément au comptant.

Les Acquéreurs paieront CINQ POUR CENT en sus du prix d'adjudication.

L'Exposition mettant les Amateurs à même de s'assurer de l'état des Objets, il ne sera admis aucune réclamation une fois l'adjudication prononcée.

DÉSIGNATION

DES

OBJETS DE LA CHINE ET DU JAPON

Émaux Cloisonnés.

1 — Grande Bouteille, fond lapis, décorée de médaillons et d'arabesques en couleur.

2 — Deux Jardinières, fond turquoise, décorées de médaillons en couleur.

3 — Deux Vases en émail cloisonné du Japon, à cols étranglés, décor à quadrilles et médaillons d'oiseaux, anses à trompes d'éléphant.

4 — Vase à panse aplatie, décorée sur chaque face de médaillons de fleurs.

5 — Deux Jardinières, fond bleu lapis, décorées de rinceaux et de médaillons.

6 — Plat rond en émail du Japon, décoré de quadrilles; au centre, un médaillon.

7 — Deux Bouteilles gargoulettes, fond turquoise, décor de fleurs et d'oiseaux.

8 — Deux Jardinières, fond turquoise, décor de fleurs et d'oiseaux.

9 — Petit Plateau à bords festonnés en émail du Japon; au centre, un oiseau.

10 — Bouteille à panse aplatie, décorée de personnages sur chaque face.

11 — Jardinière, fond noir, à rinceaux émaillés en couleur.

12 — Écuelle et son couvercle en émail cloisonné du Japon, décor de quadrilles et de fleurs; l'intérieur également émaillé, même genre de décor.

13 — Deux Bouteilles à panses basses, décor de rinceaux en couleur sur bleu turquoise.

14 — Bouteille, fond noir, à médaillons de couleur,

15 — Brazero en émail du Japon, à anse mobile et couvercle repercé à jour.

16 — Petite Jardinière, fond turquoise.

17 — Petit Vase, décor à dragons.

18 — Quatre Tasses fond vert, décor de fleurs.

19 — Plateau rond, décor de feuilles de pêcher.

20 — Un autre, décor de marguerites.

21 — Un autre, avec ombilic.

22 — Coupe fond bleu, intérieur contre-émaillé.

23 — Une autre, même genre que la précédente.

24 — Brazero, fond turquoise, supporté par quatre pieds en bronze doré.

25 — Quatre Coupes vide-poches. Seront divisées.

26 — Quatre Pièces en émail de Hou-Chao.

27 — Un Plateau de forme lobée, en émail du Japon.

28 — Une Boîte carrée à couvercle, même genre.

Bronzes du Japon et de la Chine.

29 — Deux Coupes en bronze du Japon damasquiné d'argent.

30 — Brazero martelé d'or.

31 — Petit Brazero, orné de fleurs en relief et dorées.

32 — Boîte ayant la forme d'une habitation japonaise.

33 — Un Oiseau en bronze du Japon, formant brûle-parfums.

34 — Figurine, Bonze chinois assis.

35 — Petit Brazero orné de caractères chinois en relief.

Porcelaines.

36 — Presse-papier martelé d'or, représentant deux Faisans.

37 — Deux très-beaux Vases en porcelaine de Satzuma, forme balustre, décorés de fleurs et d'arbustes émaillés en couleur et rehaussés d'or ; anses à dragons ; bonnes pièces.

38 — Deux Vases en porcelaine de Chine, décor avec médaillons à figures.

39 — Deux grandes Vasques en faïence émaillée de la Chine, posées sur leurs socles également émaillés.

40 — Deux Vases forme cylindrique, fond rouge avec cartouches à personnages.

41 — Vase, même genre que le précédent.

42 — Deux Vases décorés de médaillons à Mandarins.

43 — Vase, décor de rinceaux émaillés en couleur; anses à trompes d'éléphant.

44 — Vase à panse aplatie, décor imitant la patine du bronze.

45 — Vase forme balustre, fond rouge rubis.

46 — Vase en porcelaine craquelée, décor en émaux de couleurs représentant des chevaux.

47 — Vase balustre, fond vert camélia craquelé.

48 — Vase balustre décoré d'un dragon rouge de cuivre.

49 — Gourde à double panse, décor à Mandarins.

50 — Tulipier, décor camaïeu bleu doré sur fond blanc.

51 — Bouteille, décor à rinceaux bleus en camaïeu.

52 — Deux Jardinières carrées, décor avec médaillons camaïeu bleu.

53 — Vase décoré d'arabesques émaillées en couleur sur fond blanc.

54 — Deux Vases, fond rouge à cartouches d'oiseaux.

55 — Une Carpe sur des vagues, en porcelaine de Chine.

56 — Bouteille décorée d'arabesques en couleur sur fond turquoise.

57 — Jardinière cylindrique, fond vert émeraude.

58 — Cinq Coupes décorées d'arabesques en couleur.

59 — Deux Plateaux fond rose, intérieurs bleus.

60 — Grand Bol décoré de personnages.

61 — Quatre Bols, décors divers.

62 — Vase en porcelaine fond rouge, très-ancienne qualité.

63 — Écuelle en porcelaine de Satzuma, décor de fleurs émaillées en couleur.

64 — Deux Jardinières en porcelaine du Japon.

65 — Grande quantité d'Assiettes en ancienne porcelaine de la Chine, décors divers émaillés.

66 — Plusieurs Plats, Bols, Soupières et autres pièces en porcelaine de la Chine.

Meubles en Laque et autres.

67 — Deux Meubles à hauteur d'appui en laque noir avec fleurs, avec dessus en marbre.

68 — Table rectangulaire à dessus de porcelaine, décor de paysage avec figures.

69 — Deux Chiffonniers en laque noir, décor de fleurs et or ; dessus de marbre.

70 — Table carrée avec dessus en porcelaine, décors d'arabesques sur fond turquoise.

71 — Petite Table à ouvrage en très-beau laque du Japon, décor d'or sur fond aventuriné.

72 — Table carrée à dessus de porcelaine.

73 — Deux Jardinières en laque noir, à pieds dorés.

74 — Miroir mobile sur pied, en bois découpé.

75 — Deux Étagères en bois naturel orné de frises en argent incrusté.

76 — Une Cave à liqueurs en laque noir et or.

77 — Grand Guéridon ovale en bois naturel, marqueterie du Japon.

78 — Un Plateau rectangulaire en bois naturel, incrusté de burgau.

Objets divers.

79 — Pitong carré en ivoire, incrusté de nacre, re-résentant des fleurs.

80 — Un plus petit, mais rond ; décor à personnages laqués.

81 — Coupe en jade impérial.

82 — Flacon en jaspe.

83 — Flacon en ambre jaune, translucide, avec in-
sectes.

84 — Figurine de Bonze en jade.

85 — Une Chimère accroupie en jade gris.

86 — Deux petites Tasses en jade vert.

87 — Deux Coupes en jade blanc et gris.

88 — Cinq pièces : jade, albâtre et ambre.

89 — Coupe en verre imitant une matière dorée.

90 — Deux pièces en bois sculpté : Boîtes ayant la forme
de fruits.

91 — Deux Cippes en ivoire.

92 — Vase lobé, forme balustre, en laque rouge de
Pékin.

93 — Deux Pipes en bronze du Japon.

94 — Miroir cassé, cadre incrusté de burgau.

95 — Petite Jardinière en porcelaine bleu turquoise
du Japon, décor en relief.

96 — Trois Socles : jade et bois sculpté.

97 — Tapis du Japon en soie brochée.

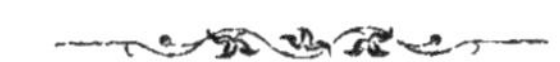

SUPPLÉMENT AU CATALOGUE

97 bis — **Enfant se disputant un lézard**. Groupe en marbre, par Ramus.

97 ter — Par Ramus, Exposition 1866, l'Espérance. Statuettes marbre blanc.

98 — Très-beau Meuble italien en ébène, incrusté d'ivoire. Cette riche pièce est décorée de médaillons à figures et d'ornements très-finement exécutés.

99 — Garniture de cheminée, composée d'une très-belle pendule en marbre blanc, surmontée d'un sujet en bronze doré, d'après Clodion ; de deux Candélabres en bronze doré, vases supportant les lumières, et de deux lampes.

100 — Beaux Chenets en bronze doré.

101 — Chaises en bois sculpté.

102 — Très-grand et beau Christ en ivoire. École de Bouchardon.

103 — Très-beau Lustre en bronze doré, style Louis XIV, à 28 lumières ; cette pièce enrichie de cristaux taillés et de plaquettes.

104 — Une Bouteille en émail cloisonné de la Chine.

105 — Neuf Tapisseries anciennes de Flandres, représentant des sujets mythologiques et des paysages.

106 — Assiettes en faïence de Moustiers.

107 — Deux Jardinières, même faïence.

108 — Deux beaux Vases en porcelaine tendre de Saint-Amand; beau décor fond gros bleu; autour, des frises représentant des Bacchanales.

109 — Une Commode Louis XIV, en bois de rose quadrillé. Beaux ornements en bronze.

110 — Un Casque ancien à à visière.

111 — Un Antiphonaire du xvᵉ siècle.

112 — Un Chandelier oriental.

113 — Un Support de lutrin, ancien bronze.

Renou et Maulde, Imprimeurs de la Compagnie des Commissaires-Priseurs,
rue de Rivoli, 144.   14352